Impressum 3

Vorwort 5

Kapitel 1 6

Zeitenmächte 7

Kapitel 2 11

Überwindungskräfte 12

Kapitel 3 17

Wachstumsströme 18

Kapitel 4 23

Zeitenspende 24

Kapitel 5 28

Spiegelungen 29

Kapitel 6 33

Dunkelzeiten 34

Kapitel 7 38

Perlensuche 39

Kapitel 8 42

Gezeitenklang 43

Kapitel 9 45

Wesenheiten Gesang 46

Kapitel 10 51

Gegensätzlichkeiten 52

Wasser und Feuer 56

**Bisher erschienen von Doris Richter 57**

# Impressum

## Vom Geist in den Wassern

Eine mystische Reise zum Inneren der Natur

von Doris Richter

Lektorat: Madeleine Brandenberg, lic. phil. Psychologin
Photos: iStockFoto
Herstellung und Verlag:
Books on Demand GmbH, Norderstedt
ISBN 9783735788283
2. Auflage - Februar 2015
Layout & Satz: NEURONprocessing & www.eBook-Freun.de

© Doris Richter &

Joy-Edition Verlag für Wort und Bild, 6430 Schwyz CH

Kontakt@PraxisRichter.com

# Vorwort

Je intensiver der Mensch sich mit der Natur befasst, desto mehr erfährt er auch von ihr. Das ist eine Tatsache, die wohl so alt ist wie die Menschheit selbst.

Doch Natur ist nicht nur die Erde, die Pflanzen und Steine, nicht nur die Tiere und die Menschen. Natur ist auch der Geist. Er umkleidet sich und bringt sich in unzählbaren Formen dar und wandert mit ihnen durch alle Zeiten.

Dabei nimmt die Form des Wassers eine grossartige Stellung in unserem Universum ein. Nicht nur, dass das Wasser alles für unser aller irdisches Überleben ist, Wasser ist auch das Symbol des Bewusstseins.

Mit dem symbolischen Gehalt des Wassers sind wir in Zwiesprache mit dem Geist. Durch die Bilder, welche zu Symbolen werden, spricht uns der Geist in leisen Worten und stillen Stunden. Der Geist des Wassers führt uns in diesen symbolträchtigen Geschichten durch Raum und Zeit.

Er leitet uns weiter zu anderen Ufern des Denkens, an denen der Geist der Ewigkeit sich wie ein leiser Wind in unserem entfaltenden Bewusstsein verlauten lässt.

Unsere Gedanken, in Bildern und Symbolen verwebt und leicht gemacht, verändern unser Denken. Sie lassen unserer Seele Flügel wachsen, damit sie sich ausdehnen kann, über alle irdischen Grenzen hinaus.

Doris Richter

Schwyz

# Kapitel 1

# Zeitenmächte

„Wer in der Zeit sein Herz auf die Ewigkeit gestellt hat, und in wem alle zeitlichen Dinge tot sind, da ist Vollendung der Zeit."
*Meister Eckhart, Mystische Schriften*

Die Jahre des Wachstums haben keinen Anfang und kein Ende. Sie sind wie ein Kreis, der in sich geschlossen ist. Aber da sich im Wachstum die Form bewegt, die ein Spiegel der Zeit sein darf, erkennt das Auge des Betrachters einen Wandel darin und wenn ein Zyklus beginnt, hat dieser auch ein Ende. Der Zyklus hat sich zu wiederholen und obwohl er sehr ähnlich ist, ist er doch nicht mehr derselbe. Auch die Form hat daraufhin ihr Bild zu ändern.

Die Zyklen zeigen den Wandel in der Zeit. Sie haben einen Beginn und ein Ende, doch das Wachstum an sich ist im Geiste des Herrn ohne Anfang und ohne Ende. Wie schwer ist es zu begreifen, wünscht der Mensch doch in seiner Betrachtung eine Struktur zu finden, die ihm eine Illusion in die Hände spielt, damit er glaubt, alles hat einen Beginn und alles findet ein Ende darin.

Unendlich ist der Geist in seiner Schöpfung, deshalb kann es für ihn keine Grenze geben. Unendlich ist auch der Geist der Zeit. Nur die Form gibt sich dem Wandel hin. An ihr schenkt sich die Zeit ein Kleid. An ihr schenkt sie sich eine Freude, denn durch die Hülle vermag sie es sich zu verbergen. Es ist, als wäre es ein Spiel, welches sie treibt um ihre Wahrheit zu verhüllen durch einen Schleier. Wann ist der Mensch bereit, ihr Geheimnis zu ergründen? Wann macht er sich auf den Weg um sie ganz zu umkreisen? Wann hat der Mensch die Fähigkeit erlangt, die Zeit zu fangen, um sie zu halten in seiner durch Weisheit geformten Hand.?

Erst wenn seine Taten zu Handlungen werden, die den Geist der Ruhe ihren Sinn finden lassen, beginnt der Mensch zu ahnen, was es heisst, das Geheimnis der Zeit zu hüten, wie einen verborgenen Schatz. Niemand wird ihm die Arbeit ersparen, einst den Geist der Zeit umfangen zu halten, wie ein Bräutigam die Braut in der hohen Zeit. Wenn er sich überwunden hat und kein Hindernis scheut, den Weg zu gehen, den nur der wahre Sucher kennt, dann verliert er auf seinem Pfad das Gefühl, geprägt zu sein durch die Zeit. Denn wenn er auf den Spuren ist um die Zeit zu finden, hat sich für ihn das Blatt gewendet und nichts kann mehr wie früher sein. Doch es wird kein Anzeichen geben dafür, dass es geschehen ist im Wandel der Zeit. Es kann kein Merkmal geboren werden, um den Betrachter ein Zeichen zu geben. Denn nur im Wandel der Form gibt es Geburt und Tod, gibt es einen Anfang und einen Beginn, stehen die Zeichen der Zeit, um als solche verstanden zu werden. Und obwohl es eben keine Zeichen gibt, die den Moment beschreiben oder festzuhalten vermögen, hat der Wanderer auf der Suche nach der Zeit, den Geist dieses unsteten Wesens, irgendwann doch in Liebe in die Arme geschlossen, um es ganz zu verstehen.

Eine Hochzeit wird gefeiert und der Geist der Erkenntnis soll das Kind erzeugen. Befreiung hat der Sinn dieser Vereinigung zu sein. Kein falsches Denken und auch kein unerleuchtetes Sein hat nun mehr einen Platz. Es wird keine Form mehr finden können, in der es lebt, vielleicht eine geraume Zeit. Denn das Blatt hat sich gewendet. Der Zwang unerleuchtet in der Form zu sein, gehört der Vergangenheit an. Der Geist der Zeit hat das Lied vergessen, welches erklang und ein Echo erzeugte, durch die Grenzen einer erstarrten Welt, in der Mangel an Beweglichkeit einen Samen setzen konnte. Doch nun war auch dieser durch den Tod befreit. Denn wenn die Grenzen fielen, war sein Leben dahin. Dies bestimmte der Zyklus der Zeit.

Der Geist kannte keinen Zweifel, als er den Sinn der Zeit verstand. Er schloss Frieden in sich und blickte in eine Richtung zurück, die ihm als Vergangenheit erschien. Er sah noch einmal den Gejagten im Wandel der Zeit. Er sah noch einmal das Brechen der Grenzen. Er sah den Aufstieg und den Verfall. Er erkannte den Anfang und das Ende darin. Er segnete die Form in jeder Erscheinung. Er spendete dem Schatten sein Lob. Er glaubte an die Form, auch wenn diese vielleicht einige Mängel hatte und lies die Zyklen der Zeit eine grosse Welle sein im Ozean der Ewigkeit.

Er lauschte dem Rauschen, aus dem Ton der entstand. Und er tauchte ein in die Weite, in den Raum ohne Grenze. Er fand sich wieder im Ausmaß eines Ozeans, der wie das Universum des grossen Vaters zu sein schien. Sein Aufenthalt war ohne die Zeit, ohne den Raum, ganz ohne Grenzen. Hier war es ihm, als erfuhr die Seele nach einem wundersamen Balsam, der sie heilte von allen Verletzungen durch das Gejagt-sein durch Raum und durch Zeit. Der Geist seines Wesens fragte sich: „Wer war der Verursacher gewesen? Hatte er sich die Wunden selbst beigebracht, oder war er auf der Jagd nach dem Ziel ein Opfer geworden? Und wenn ja, wer hatte in seinen Augen der Täter zu sein? Wer spielte das Spiel mit ihm?"

Wie jede Frage hatte diese auch eine Antwort zu sein. Doch hier an diesem Ort, der keiner war, war die Seele nicht auf der Suche und hatte auch keine Eile die Wahrheit zu ergründen, denn sie war ohnehin schon in ihr.

Die Zeit hatte ihre Kraft verloren die Seele durch Verlockung zu binden. So blieb der Geist im Ozean der Wahrheit vollkommen und rund, ohne Begrenzung und ohne Bewegung darin. Und der, der es erfuhr, erlebte die Heimat wieder und das Wissen um den Verlust, die Erkenntnis um die Erfahrung reicher zu sein. Das hatte das Bad im heiligen Wasser ausgelöst. Als die Seele sich im Leben wieder fand, hatte sie an Standfestigkeit gewonnen und da war der Zeit ein Verlust. Denn sie konnte das Wesen nun nicht mehr jagen, - zu offenbaren hatte sie sich.

Die Wahrheit war unsterblich und konnte einmal durchschaut nicht mehr in der Welt der Täuschung versinken. Sie hatte sich aus sich selbst heraus befreit. Dies hatte am Anfang zu geschehen und fand niemals ein Ende. Denn nur die Form vermochte es sich aufzugeben. Sie kannte einen Tod, sie kannte ein Sterben und auch der Geist der Wandlung kannte die Macht der Zeit. Doch die Wahrheit war unberührbar und hatte sich schon vor ihrem Anfang im Geiste befreit. Sie konnte sich nicht erinnern je in den Grenzen von Raum und Zeit gefangen gewesen zu sein. Erfahren konnte es nur der Wanderer in seinem begrenzten Raum, gejagt durch die Zeit. Wenn er es verstand, das Blatt zu wenden, hatte er die Wahrheit in sich wiedererkannt. Sie war immer schon da, ewig und unwandelbar.

Wenn diese sprach, dann hörte er die Stimme; die kam aus einem Raum, der keiner war. In ihm hatte er die Zeit überwunden, hatte er sich keine Grenze mehr gesetzt und hatte die Weisheit des Ozeans gefunden. Er wurde zur Welle und er wurde zum Tal, und er verlor den Anfang und das Ende. Er liess die Grenze sterben und war furchtlos darin.

Als er aus den Wassern emporgehoben, - für die Welt neugeboren schien, - da hatte er verstanden wie Vergänglichkeit erschien. Etwas Neues zeigte sich seinem Blick. Und auch wenn alles im Wandel war, hatte der Geist der Ewigkeit ihn berührt ohne die Verbindung je wieder zu lösen. Er hatte den Sinn des Geschehens verstanden. Es lag ein Geheimnis darin. Doch wer hatte die Macht die Zeit zu überwinden und wer hatte die Kraft, die Grenze zu brechen ohne gejagt zu sein?

Wer hatte das Verständnis aus der Ruhe heraus zu handeln, ohne dem Geist der Zeit die Achtung zu verwehren? Welcher Herr im Herrscher war in Wahrheit bereit? Denn Kraft und Macht hatten eine andere Seite und diese zeigte sich im Geist der Stärke. Dieser war sanft, voller Liebesfähigkeit und kannte das unwandelbare Gesetz, nach dem in seinem Sinne zu wirken war.

# Kapitel 2

# Überwindungskräfte

„Gott schuf die Sinne nach aussen gewendet, deshalb blickt der Mensch nach aussen, nicht in sich hinein. Aber mitunter blickt doch eine kühne Seele, sich nach Unsterblichkeit sehnend, zurück und findet sich selbst."

*Upanishaden*

Das Wasser des Lebens steht nie still. Das Meer hat seine Wellen. Der Fluss hat seinen Strom. Der Nebel hat das Licht und der Regen hat die Schwere. Wasser ist vereint mit dem Geist der Bewegung und selbst in einem stillen Teich entwickelt sich die Kraft, das was flüssiger Natur ist, zu bewegen. Es gibt ein Auf und ein Ab, ein Kommen und ein Gehen. Während die Bewegung ihr Spiel mit dem Geist des Wassers treibt hat sich das Wasser auch in seiner Verdichtung und Verdünnung zu erleben. Nichts kann sich halten, nicht einmal die Konsistenz von Eis, wenn auch die Zeit einem als andere erscheint, als weiss die Struktur von ihrem Wandel. Seit Anbeginn hat sie es erleben dürfen und hat sich immer wieder befreit.

Verwandlung hatte ein Erlebnis zu sein. Die Struktur erhob sich aus einem Urgrund, aus dem sie in einem unsichtbaren Zustand schon immer vorhanden war. In diesem Sein vor dem Beginn konnte sie keine Ecken und Kanten zeigen und auch keinen Raum, in dem etwas sich eine Wohnstatt nehmen konnte. Vor dem Beginn träumte etwas von einem Aufbau, von einem Wachstum, von einer Formenbildung. Gestalt lag in einem tiefen Schlaf und war solcher Art, dass es sich nicht zu zeigen vermochte. Unsichtbar hatte sein Wesen zu sein. Es war, als wenn die Welle im Meer aller schlafenden Gestalten sich erheben wollte und doch nicht den Anfang fand, etwas Besonderes zu sein.

Das Wasser im Meer der Unendlichkeit hatte also noch keinen Namen. Doch vielleicht trug es die Idee, sich aus einem Ganzen zu erheben. Still war die noch nicht erwachte Struktur, aufgelöst und ohne Grenzen, aber irgend etwas hatte zu träumen begonnen und ein Geist erhob sich aus der noch schlafenden geistigen Natur. Noch hatte dieser kein Gesicht und niemand hatte das Auge, eine Unterscheidung zu machen. Doch der Geist, er hatte sich erhoben, betrachtete sein weites Feld und hatte keine Eile in seiner Schöpfungsmacht. Aber ein Anfang war gemacht.

Wenn der Geist sich erhob, hatte der Same in ihm einen Beginn. Doch nun hatte die Zeit ein Wort. Sie durfte bestimmen. Wenn sie das Zeichen gab, erfüllte sich der Raum und es erstarb die Grenzenlosigkeit . Der Moment, in der die Struktur geboren war, hatte der Geist der Zeit einen Grundstein gelegt, und der Geist des Urgrundes entliess das Kind in eine Welt die scheinbar eine verschiedene von der ersten war. Im Äther ergab es einen Ton, der wie ein Seufzten erklang. Doch wer hatte ein Ohr dies zu vernehmen? Wer ahnte, dass der Same am Anfang einen Schmerz kreierte, aus dessen Urgrund ein Lied erklang, um ein Geheimnis zu bergen? Der Vater, nur er kannte die Bedeutung des Gesanges. Trennung, das hatte der Geist entschieden, war die Möglichkeit, um den Sinn des Schmerzes einst ganz zu ergründen. Und wenn der Weg den Geist der Form zurück zur Einheit führte, dann kannte er den Sinn und die Botschaft darin.

Vom Anbeginn der Trennung bis zu seinem Ende hatte der Geist in der Form es dem Vater nachzumachen, denn Schöpfung war der Sinn. Aus sich selbst heraus hatte jeder Same einen Spross zu bilden. Dieser hatte zu wachsen und hatte zu gedeihen. Wenn er sich erhob, war es ihm ein Gewinn und wenn er zögerte hatte es ein Verlust zu sein. Doch auch in diesem gab es ein Geschenk und es lag der Geist des Zweifels darin. Immer gab es etwas zu empfangen und das Ziel, sich aus dem Urgrund zu erheben, war unsterblich und konnte im Laufe der Zeit durch den Geist der Bewegung aus der Form nicht entlassen werden. Sie gehörten zusammen und hatten den Weg gemeinsam zu gehen. Alles hatte einen tiefen verborgenen Sinn. Trennen konnte man sich von diesem und jenem. Doch etwas durfte sich niemals entzweien. Im Wachstum hatte das Wesen sich am Ende immer zu erheben. Im Urgrund des Seins, vor dem Anfang, vor allem Beginn, da konnte es keine Ordnung geben, denn nur, wo ihr Geist zu finden war, waren auch ihre Kinder, ergab sich die Vielfalt in der Einheit und zeigte ihr grossartiges Bild. Jedoch ein Bild war immer nur eine Form, die sich erhob, die einen Anfang kannte und einem Ende ins Auge sah. Den Vater, im Urgrund versunken und grenzenlos im Sein, den konnte niemand jemals mit seinen irdischen Augen erblicken. Nur in der Form konnte es sein.

Wer begab sich auf den Weg, die Struktur zu erleuchten? Wer hatte den Mut, gefangen in der Form, sich dennoch, scheinbar unbegrenzt emporzuheben, um den Geist der Grenzenlosigkeit trotzdem zu befreien?

Wenn der Mensch im aufrechten Wesen erkannte, ein Vater für die Samen zu sein, dann hatte er schon viel von der Klarheit des Geistes, von sich gefunden.

Doch was machte der Vater mit dem Samen? Er übergab ihm dem Geiste der Zeit. Wenn der Seufzer der Trennung den Raum mit seinem Lied beschenkte, dann war ein Anfang gemacht und der Same hatte eine Wiege gefunden. Langsam im Laufe der Zeit, denn sie hatte es zu bestimmen, erhob sich ein Spross, und es schien als hatte er sich ganz allein aus einem engen Käfig mit harter Struktur befreit.

Wenn ein goldener Adler seinen weiten Flügel spannte, dann sah sein klarer Blick, wie sein Kind im Nest einer irdischen Welt sich aus der Schale heraus zu befreien versuchte. Das Kind war scheinbar mit seiner Anstrengung ganz allein. Es konnte nicht wissen, das sein Vater, der die Zukunft in ihm war, sich durch die Liebe der Betrachtung bis in sein Herz hinein, es zu berühren vermochte. War das Kind also im Kampf die Räume zu wechseln allein?

Wenn der Spross sich erhob, dann hatte es seine Pflicht zu sein, noch unerleuchtet im Denken, zu glauben, es geschah durch seine Anstrengung allein. Erst im Laufe seines geistigen Wachstums, wenn er sich immer mehr erhob und losgelöst, trotz Wurzel in der Erde, war, dass er erkannte, wessen Kraft der Antrieb in Wahrheit war.

Geordnet wurde sein Denken. Ausgerichtet hatte sich jener, der einst im Kampfe so tapfer war. Er hatte sich ins Leben hinein ergeben und in der Gegenwart der Aufgabe gestellt, die Grenzen zu bewegen. So wuchs der Sprössling und unter dem Blick des Vaters konnte er auch gedeihen. Seine Aufgabe war es, sich wie Er seinem Vorbild nach zu erheben.

Einst hatte sich der Geist aus dem Chaos erhoben, hatte sich einen Raum geschenkt und hatte sich der Zeit, in die Wiege der Mutterschaft hinein, ergeben. Ihre Kraft hatte zu bestimmen, über die Form, über die Struktur und über die

Grenzen. Der Geist hatte sich verpflichtet, diese Aufgabe anzunehmen. Er musste sich trotz der Struktur um sich herum erheben. Befreiung hatte sein Ziel zu sein, um einst im Urgrund des Vaters zurückzufinden, - um wieder eins mit ihm zu sein. Im Urgrund vermochte das Kind des Vaters, welches zurückkehrte, ihn auch erkennen, ganz ohne eine Struktur.

Wenn der Betrachter auf die Weite des Meeres schaut und sieht die Wellen darin, dann hat er sich ein Bild von der Schöpfung gemacht und vermag es zu begreifen, wenn er sich befreit, heraus aus der Struktur, was der Sinn jeder Form zu bedeuten hat.

Wenn der Spross die Schale bricht, hat er es schon verstanden, denn am Beginn ist im goldenen Buche die Wahrheit schon zu ergründen. Doch wann wird es sein, dass sein Geist der Welt die Erklärung zu geben vermag, über den Sinn der Erhebung und über die Botschaft des Geistes aller Überwindung?

Wenn der Vater seine weiten Flügel spannt und sein Kind im Nest mit dem Leben ringt, dann lächelt er und sieht in der Gegenwart den gemeinsamen Flug, der sich im Geiste der Zukunft noch im Samen befindet. Der Geist im eingesperrten Sein hat hier jedoch schon einen Traum. Er träumt von der Erhebung durch Überwindung.

Wenn der Geist des Chaos im Schlafe versunken ist, wird er sich durch den Traum befreien. Doch er hat sich durch seine Form zu spenden und er hat sich in Raum und Zeit zu verschenken. Er begibt sich auf den Weg und wird sich am Ende trotz aller Grenzen befreien. Reich wird er beschenkt und aus dem Geist der Erfahrung wird sein Haupt einen Kranz schmücken, als uraltes Zeichen des Sieges. Wenn der Sohn des Vaters das letzte Tor durchschreitet, hat der Vater ihn durch dieses Zeichen erkannt. Erfahrung und aus dieser die Essenz der Erkenntnis trägt der Sohn als Zeichen und dieses wird er an den Vater zu verschenken haben. Der Sinn der Dankbarkeit ist es sich auszutauschen.

Doch wer hat dies auf seinem goldenen Weg zum Ziel aus der Überwindung heraus erkannt? Wer hatte die Ahnung, wenn er im Kampfe die Grenze brach, dass das Vermögen der Kraft aus dem Herzen des Vaters als nie versiegende Quelle der Möglichkeit zu siegen, als geheime Botschaft, zu ihm sprach? Wer hatte es in der Stille, die trotz des Lärms auf dem Felde entstand, als innere Erkenntnis, als

Botschaft des Geistes vernommen und wer hatte den Zweifel überwunden, dem Geheimnis, der als Same im Herzen des Kriegers lag, das Vertrauen zu schenken?

Das Leben war ein Kampf im Geiste der Überwindung. Und als der Vater den Samen an die Mutter der Zeit übergab, war es sein Seufzer gewesen, hatte es sein Schmerz über die Trennung zu sein. Doch wer hatte im goldenen Buch diese Wahrheit über den Vater und seinen Schmerz durch die Trennung von seinem Kind gelesen? Nur der, der überwand, verstand. Denn er kannte den Schmerz des Getrennt-Seins. Nur er litt unter der Trennung, unter dem Verlust der Nähe des Vaters. Doch der Weg barg das Geheimnis, welches er verstand: Er konnte es nun verstehen, dass der Vater nie seinen Blick verlor. Denn Er sah wie ein goldener Adler im Flug auf die Schale, die brach, wenn sein Kind die Grenze überwand. Er war der stete Beobachter und keine Geburt des Kindes war ohne seinen Blick, der die Kraft hatte, jede Mauer zu sprengen, der die Möglichkeit schenkte jede Grenze zu öffnen, der die Fähigkeit schenkte, jede Dimension mit einer Brücke, mit einer anderen Dimension, die reinste Liebe war, zu verbinden.

# Kapitel 3

# Wachstumsströme

„Es steigt empor, es sinkt die Welle - so leben wir auch ohne Ruh; unmöglich, dass sie aufwärts schnelle und nicht zurück - dem Grunde zu."

*Christian Morgenstern*

Die Zyklen des Wachstums sind in jedem Individuum seinem Wesen nach angepasst. In der Zeit vergehen sie bei dem einen Wesen schneller und bei anderen Wesen scheint es länger zu gehen. Die Zeit ist immer dieselbe. Wie ein nicht fassbarer Strom, wie ein Fluss ohne Grenzen fliesst jede Dauer dahin. Die Zeit, sie lässt sich nicht aufhalten. Das Fliessen ist ihr Gewinn. Wie in einem Fluss das Wasser sich in Wellen bewegt, so fliesst auch die Zeit in dieser Art dahin. Die Welle kennt ein Auf und ein Ab. Sie weiss scheinbar von einem Oben sein und einem Abtauchen in den Fluss hinein. Wie die Erde Berge und Höhen bildet, und sich zwischen ihnen die Täler vielfältig Gestalten zu geben vermögen, so zeigt das fliessende Wasser der Welt die aufbauenden Wellen und die herabsinkende, nachgebende Menge des flüssigen Elements. Im Herauf und Herunter zeigt sich die Ordnung darin.

Das Wasser fliesst im Fluss des Lebens und überall auf Mutter Erde`s Gesicht vermag es der Geist des Wassers dem Auge des Betrachters sein Wesen zu offenbaren.

Der Fluss der Zeit jedoch ist undurchsichtiger Natur, denn er hat kein eigenes Gesicht. Nur die Wesen, die sich in ihm befinden und sich von ihm bewegen lassen in den Zyklen seiner nicht sichtbaren Natur zeigen ihr ihnen eigenes Gesicht. Durch sie hat der Geist der Zeit die Möglichkeit ihnen sein Wesen zu vermitteln. Mit ihnen scheint er zu spielen und er prägt ihr Gesicht. Im Fluss der Zeit haben sie sich zu bewegen und haben sich ihm ganz anzuvertrauen. Lange ist die Reise und für das Wesen, welches in seinem Flusse schwimmt, ist das Ziel auf seinem Weg ganz unbestimmt.

Wohin, fragt sich das in den Fluss der Zeit getauchte Wesen, mag die Reise wohl gehen? Hat es die Möglichkeit auch einmal stille zu stehen?

Die Bewegungen in der Welle und in ihrem Tal sind wie Perlen an einer Kette, sie reihen sich aneinander und der Zyklus des „Auf und Ab" im Geschehen lässt es kaum zu, dass das Wesen zu träumen vermag, von einer Stille im Geschehen. Wenn es gerüttelt und geschüttelt wird, dann kann es dieses sogar als ein Unglück empfinden und es wünscht: „Heraus will ich aus diesem bewegenden, unruhigen, getriebenen, zeitlichen Geschehen."

Es gibt sich nicht weiter hin. Es lässt sich nicht weiter tragen. Vielleicht auch flucht es gar und schimpft.

Doch die Zeit kennt kein Erbarmen! Sie hört nicht hin! Das Wesen hat sich hinzugeben. Sein Schicksal wird bestimmt.

Es hat ein Gesicht. Es hat eine Form. Es hat ein individuelles Kleid durch die Erde bekommen. Und es scheint, als hatte die Zeit über es bestimmt. Jung und dynamisch, grossartig und ganz etwas besonderes hatte es von Anfang an zu sein. Aber weil es sich rieb im Fluss der Zeit, hatte sich das Gesicht, hatte sich sein Kleid zu wandeln. Die Jugend schwand dahin. Die Dynamik des Wesens hatte sich ganz dem Flusse des Lebens hinzugeben. Kein Zögern, kein Hadern und auch kein Trotz waren für das Wesen ein echter Gewinn. Es hatte zu lernen, sich mit dem Geist der Zeit zu vermählen. Das war des Wesens wahrer Gewinn.

Sein Gesicht wandelte sich und drückte vielleicht am Ende seines Weges aus, was es gelebt hatte, für den, der es betrachtete und sich Zeit nahm, es in seinem Ausdruck zu studieren. Das Wesen hatte die Aufgabe, seiner Prägung einen Namen zu geben. Es hatte auszudrücken, wie es sich zu verhalten hatte, im Herauf und Herunter, als Getriebener oder als Gelassener in seinem Raum im Fluss der Zeit.

Hatte das Wesen im Laufe seines Lebens wohl erkannt, dass es Freundschaft zu schliessen hatte mit sich, seiner Form und mit dem Geist, an dem sein Kleid der Erde sich zu wandeln hatte, mit jenem formlosen Geist, mit dem Wesen der Zeit?

Hatte das Wesen in der Form gelernt ein Freund zu sein? Hatte das Wesen in seinem Kleide sich gespendet und hatte die Verwandlung stolz und mutig als Zeichen seiner Selbst getragen?

Hatte das Individuum, das Kind der Erde, die Zeichen studiert, wenn es in den Spiegel sah, um sich zu erforschen und hatte es dabei erkannt, wie wertvoll die Freundschaft mit dem Fluss des ewig sich wandelnden Lebens für ihn war?

Konnte der Geist in der Form die Dankbarkeit erfahren? Konnte der Geist in seinem verwandelten Kleid das Geschenk erfassen: die Heilung durch die Bewegung in der Zeit?

Oder war es ihm geschehen, dass er den Widerstand als Zorn gegen den Geist in seinen Augen wieder fand? Hatte er das Wüten in sich gefunden, ein Gebahren, dass ihn als Krieger gegen den Fluss der Zeit im Spiegel zu erkennen gab? Was war aus dem Wesen im Fluss der Zeit, auf seinem Weg durch die Ewigkeit, geworden? Was zeigte seine Verwandlung durch seinen Freund, der ihn prägte, durch den Geist der Zeit? Er war sein Schöpfer gewesen.

Als Vater hatte er den Sohn getragen. In der Welle und im Tal, von Anfang an, bis zu seinem Ende. Reich war er durch die Erfahrung in der Zeit. Selbst konnte das Wesen am Ende ein Schöpfer sein. Sein Vater hatte ihn durch seine Hand aus dem Fluss des Lebens wieder befreit. Doch das Wesen selbst hatte nicht die Macht, auch nicht die Kraft, sich aus ihm heraus zu erheben. Sein Gefängnis war und blieb im Leben die Zeit.

Wenn er Freundschaft schloss in der Stille seines Wesens, trotz der Getriebenheit durch den Fluss der Zeit, dann hatte er erkannt: Gewinn hatte er, der Bewegte, ihm nur gebracht. Als Freund hatte er zu leben mit dem Geist, der ihn wandelte in der Zeit. Er hatte zu spenden und hatte sich zu verschenken. Er hatte nicht zu bedauern, was er verlor, denn nichts hielt sich im Sinne der Dauer, der Unwandelbarkeit im Geiste der Zeit.

Es war das Gesetz, dass alles, was eine Form trug, sich zu spenden hatte, sich zu verschenken hatte. Das war ihr Schicksal. Das war gleichsam aller Formen Gewinn.

Wandelbarkeit war das Gesetz in allen Dingen. So bestimmte es der Geist der Zeit. Das Wesen hatte im Fluss des Lebens zu sein und es trieb dahin, wie ein vom Winde gelöstes Blattes, aus der goldenen Krone eines mächtigen Baumes gefallen. Am Ufer war dieser gestanden und hatte eines seiner Kinder scheinbar für immer verloren.

Der Geist im Fluss der Zeit hatte es dem Vater entführt. Weit war es davon getrieben. Doch da der goldene Baum in seinem Ursprung stand, hatte auch sein Kind sich niemals in einer fremden Welt ganz zu verlieren. Sein Wesen trug die Erinnerung an seine Heimat mit und wenn es träumte in der sich bewegenden Welle und es an seine Wiege sich zu erinnern vermochte durch seinen Traum, dann war es ihm bestimmt, zurückzufinden, an den Ursprung hinter Raum und Zeit.

Dann fand das Kind sich wieder in der Wiege der Unendlichkeit. Hier hatte es alle Zeit der Welt darüber nachzusinnen, was der Zweck und was die Aufgabe war: sich im Fluss der Zeit als Wesen in einem begrenzten, sich wandelnden Kleid in das Alter hinein zubewegen, indem ihn der Tod, das Auflösen der Form, dann am Ende wieder befreit. Vielleicht hatte er, das Wesen in der Form, erkannt, dass das Wandeln in der Zeit das Geschenk des Freundes war. Vielleicht hatte er es als Befreiung aus dieser Bande als Geschenk durch ihn erkannt.

Alles, was einmal begann und sich wandelte in der Zeit, hatte eine ureigene Erfüllung zu finden. Das Sterben, die Befreiung aus der Hülle, hatte der Freund als Akt ihrer Freundschaft, der Freundschaft zweier Wesen, die ungleich waren, erkannt.

Der eine besass die Form und hatte sein Kleid zu verwandeln. Alter und Sterben war ihm nach Geburt und Jugend zuerkannt.

Der Geist der Zeit hatte nichts dergleichen zu geben. Sein Gesicht konnte sich nicht durch den Wandel zu erkennen geben. Aber er reichte dem Freund die Hände. Von Anfang an war er da, doch nicht jeder verstand sein unfassbares Wesen. Nicht jeder schloss ihn in sein Herz und konnte ihn für seine Unsichtbarkeit grosszügig verzeihen oder gar gänzlich vergeben. Das verschloss der Geist der Zeit.

Dieses Geheimnis hatte wie jedes von ihnen eine Tür. Doch der Schlüssel hatte sich in der Hand des geformten Wesens zu bewegen. Wenn dieser Schlüssel auch am Anfang unsichtbar erschien, so war er doch zu finden und es gab für das Wesen in der Form die Möglichkeit in seiner Aufgabe den Sinn zu verstehen. Die Tür des Geheimnisses im Wesen der Zeit hatte sich zu öffnen und das Wesen in der

Form durfte ein Wandler über die Schwelle der Erkenntnis sein. Viel Zeit hatte es in seinem Leben dafür gegeben. Grosse Momente lagen wie ein Schlüssel, vielleicht jedoch nicht erkannt und deshalb verborgen, in seiner Hand. Hatte er in einer stillen Einkehr die Möglichkeit für sich erlangt? Es wäre sein Gesetz gewesen, der grossen Aufgabe zu folgen und der Getriebenheit in der Zeit immer wieder einmal Einhalt zu gebieten. Denn die Aufgabe hatte für das Wesen zur Vollendung zu kommen. Sonst holte ihn erneut wieder in das irdische Leben zurück sein Freund, das unsichtbare Wesen, die Zeit. Von Neuem hatte er dann zu gehen, hatte sich in der Form zu verwandeln, hatte die Spuren der Zeit in sein Gesicht zu graben und hatte sich zu fragen, über den Sinn des Lebens in Raum und Zeit. Vielleicht fand er in sich die Pflicht, sich zu erinnern, an den Ursprung, an die Krone, aus der er gefallen war, hinein in den Fluss des Lebens. Dies brachte ihn den goldenen Gewinn.

# Kapitel 4

# Zeitenspende

„Selig, wer ohne Sinne schwebt wie ein Geist auf dem Wasser, nicht wie ein Schiff - die Flaggen wechselnd der Zeit und Segel, blähend, wie heute der Wind weht. Nein, ohne Sinne, dem Gott gleich, selbst sich nur wissend."

*Clemens Brentano*

Das Meer in seinen Wassern kennt keine Grenze. Es fliesst, bewegt sich, bildet Höhen und Tiefen durch seine Wellen, ist manchmal klar und manchmal fast undurchdringlich.

Es kann sich erheben, fast schwerelos werden, doch es kehrt irgendwann wieder zurück, um sich mit den Wassern der Erde wieder zu vereinen. Ein Teil des Wassers kann also oben sein und ein anderer Teil berührt den Grund.

Das Wasser auf der Erde ist ein grosser Organismus, der in verschiedenen Ebenen zu wirken hat. Ist der Tropfen aus dem Meer herausgefallen, ist er doch verbunden. Und selbst, wenn er irgendwo in einem ihn haltenden Gefäss verschlossen ist, ist es nur eine Frage der Zeit, dass es sich wieder aus diesem befreit. Dann leert sich das Gefäss und das Wasser des Lebens fliesst zurück, um sich wieder mit dem grossen Meer zu vereinen. Zeit verändert die Gegebenheiten in diesem flüssigen Element.

Zeit spendet dem Wasser die Möglichkeit, sich da und dort, in den verschiedenen Ebenen zu erleben. Mal berührt es den Grund, vielleicht in tiefsten Tiefen auf einem Meeresboden, einmal erhebt es sich weit hinauf, als hätte es die Sehnsucht getrieben, den Urgrund der Sonne zu berühren. Und selbst, wenn es sich fast auflöst auf der Reise ins Licht, hat es sich umzukehren, um wieder zu fallen, um zum Wasser zurückzukehren, denn das ist seine Pflicht. Alles hat das Wasser erlebt und erfahren.

Es war eingesperrt in dunklem Grund, hatte eine unendlich lange Zeit in geschlossenen Räumen in der Erde verbracht und war doch irgendwie aus diesen wieder entronnen. Selbst bei geschlossener Tür vermochte es der Geist des Wassers einen Ausweg aus der Dunkelheit zu finden, um wieder aufzutauchen, um im Licht durch das Fliessen über die Erde seine Farben zu werfen. Kristallklar waren sie, um immer etwas anderes zu sein. Sie wandelten sich und spielten mit dem Wasser, als hätten sie selbst davon einen Gewinn.

Wenn der Betrachter einer wunderbaren Natur den Tropfen, der klar war wie Kristall, in dem Kelch einer Rose wieder fand, da war ihm als wäre er selbst einmal wie das Wasser gewesen. Auf und ab hatte es mit ihm zu gehen, fliegend und fast schwerelos war das Leben und im Wechsel schien es ihm, als wäre er wieder angebunden.

Frei und im Wandel wechselnd in die Gefangenschaft und Not hinein - und der Betrachter einer wundersamen Natur wurde nachdenklich und still.

Es war ihm als würde sein eigenes flüssiges Wesen in ihm ganz zur Ruhe kommen. Dabei starb seine getriebene Natur. Als dies geschah, da war er der kristallklare Tropfen in der Wiege einer besonderen Form. Er war getragen wie der Tropfen, als morgendlicher Tau, dem Auge offenbart, ruhend im Bette einer Rose.

Nur so, das hatte er erfasst, spiegelte er das Licht auf eine andere Weise. Der Sonnenstrahl kam bis auf den Grund, bis in das Zentrum des runden Wesens. Und da rollte er noch tiefer hinab bis auf den Grund und verlor sich in ihm.

Das war ein Leben gewesen als Tropfen, glasklar und rund, liegend auf dem Blatt einer Rose im Morgenlicht. Als sein Wesen versank, da sprach er leise von der Botschaft des Lichts, bis in die Wurzel hinein reichte der Ton, hinein bis in der Erde Grund.

Das Wesen der blühenden Kraft verlor ihre Blätter. Die farbige Schönheit war dahin, doch sie erkannte in sich, dass dies noch nicht alles gewesen war. Ihre Natur war ruhig und wartete auf einen neuen Beginn und als sich jüngste Blüte öffnete im Sonnenlicht, da fand der Betrachter erneut einen leuchtenden Tropfen darin.

Seltsam dachte er, alles wiederholte sich und dies hatte in der Natur des Geistes eine unaufdringliche Bedeutung.

Der Wandel im Rhythmus des Lebens geschah. Wer den Sinn danach hatte, betrachtete ihn und lernte in den Phasen, in denen das eine ging und das andere noch nicht wieder offenbar war, war jedes Mal ein Geheimnis.

Denn das Verborgene hatte einen tiefen Sinn. Und weil es der Welt, die auf die äusseren Dinge achtete, nichts zu zeigen vermochte, zog sie den stillen Betrachter bis in das Zentrum des Verborgenen zu sich hin und dort erfuhr er das Geheimnis vom Wasser des Lebens.

Wandel war die äussere Erscheinung im Bilde einer sich ständig verändernden Natur.

Die Sprache des Geistes, die mit nichts zu vergleichen war, die konnte sich nur im Inneren, als alles umfassende Wahrheit im Beobachter, zum Wachstum bringen.

Es hatte ihm eine Pflicht zu sein, die äusseren Bilder zu verlassen. Wie der Tropfen des klaren Wassers in einen Blütenkelch einer Rose fiel, bis in ihren Grund hinein, so versunken in eine fast undurchdringliche Welt hinein, so hatte der Beobachter zu sein.

Tief hatte er sich bis auf die Wurzel allen Seins zu versenken. Niemals würde er dort jedoch ein Gefangener sein. Denn er war wie das Wasser, niemals in Ewigkeit in begrenztem Raum gezwungen. Immer wieder konnte er sich befreien.

Doch wenn er aufstieg, um am Licht wie der Tautropfen im Bette einer Rose den Farben ein Spielball zu sein, dann hatte er sich wieder einmal von den begrenzten Bildern zu befreien. Denn die Bilder der äusseren Erscheinungswelt konnten nur die Abbilder sein. Im Urgrund hatten sie sich dem Betrachter ganz zu ergeben. Ein Geheimnis hatte sich so aus seinem verschlossenen Bereich befreit.

Es war, wie als wäre er das Wasser, das heraustritt aus einem zeitlichen, begrenzten Gefäss in eine freie Welt hinein, in der er sich unbegrenzt und losgelöst von allen Verhaftungen dem Leben grenzenlos und frei ergeben kann.

Das Geheimnis hatte sich befreit und der, der beobachtete und auf wundersame Weise gefallen war bis auf den Grund, für den gab es keine Wunder mehr. Die Wunder waren befreit, wie auch die Geheimnisse sich nicht länger verschliessen konnten. Als Offenbarungen waren sie wie die Kinder im Spiel ganz freudig, denn sie wollten sich zu erkennen geben.

Der Geist des Geheimnisses dankte dem Beobachter, denn er hatte das Wesen befreit. Wenn der Tautropfen glänzend und klar auf den Blütenblatt einer Rose lag, dann ahnte das Wasser vielleicht auch schon, zu fallen in den Grund des Geborgenseins in der Wurzel Kraft. Es bereitete sich vor, der Botschaft des Geistes zu lauschen und verborgen vor den Augen der Welt hatte es seinen Weg gefunden, nur noch dem Selbst im Bild zu vertrauen, nur noch mit dem Geist, den höchsten Wesen in der Form, der Musik des Lebens zu lauschen.

So hatte auch er sich als Beobachter der Welt wie das Geheimnis, welches als Wunder erschien, aus einem Universum der Grenzen befreit. Er selbst hatte sein Geheimnis ebenfalls verlassen und wandelte zwischen den Welten. Und in Wahrheit verlor er nie den Grund. Er wurde immer gehalten und war im ganz im Verbund.

Doch dort, wo er war und die Botschaft des Geistes vernahm, da konnte das Licht der Sonne ihn nicht erreichen. Doch er stand fest verankert, verwurzelt im Urgrund von ihr. Die Sterne leuchteten, der Mond schien hell in seinem besonderen Licht und weil der Wechsel im Rhythmus der Zeit hier in der absoluten Gegenwart des Herrn nicht stattfinden konnte, war das Universum ein grenzenloser Raum, in dem sich alles gemeinsam verband. Es konnte keinen Rhythmus geben und keinen Wandel darin, nur die Ewigkeit hatte dort einen Sinn, und in ihr erkannte der Geist die smaragdene Vision der grossen, durch die Liebe vereinten Welt.

In ihm war der Wanderer zwischen den Welten geborgen und fand seine Aufgabe darin. Auch diese hatte die Pflicht, in sich vereint zu sein.

Sie erkannte das eine u n d das andere darin.

# Kapitel 5

# Spiegelungen

„Alle Geburt ist Geburt aus Dunkel ans Licht; das Samenkorn muss in die Erde versenkt werden und in der Finsternis sterben, damit die schönere Lichtgestalt sich erhebe und am Sonnenstrahl sich entfalte."

*Friedrich Schelling*


Es lebte einmal ein geflügeltes Wesen, losgelöst von Raum und Zeit. Es war in einem Universum, in dem sich nichts mit uns Bekanntem vergleichen liesse. Die Flügel umspannten jene Gefilde, in denen es sich beheimatet fühlte, und des Wesens Geist war grenzenlos, ausgedehnt und frei. Ungebunden war er, in seinem frei von allen Fesseln befindlichen Lebensprinzip. Doch irgendwann geschah es dem geflügelten Wesen, da bewegte sich seine Aufmerksamkeit ganz auf das Zentrum in ihm hin. Und dann, ...in seiner Mitte fand er eine Aufgabe, die nur für ihn bestimmt war und die niemand Anderer für ihn je hätte erledigen können. Er tauchte in diese ein, als wäre sie ein klares, leuchtendes Wasser und er fand einen Grund, der wie durch leuchtende Kristalle einen Eindruck von der Vielfältigkeit des Lichtes wiederzugeben vermochte. Unbegrenzt, wie das Wasser und vielfältig wie die verschiedenen Farben des Lichts kannte seine Aufgabe keinen Anfang und kein Ende. Sie umgab ihn, als wäre sie das heilige Wasser oder göttliches Licht.

In einer tiefen Stille sah er sich wieder mit einer goldenen Feder in der Hand, um ein Zeichen nach dem anderen in einer besonderen Reihenfolge in Raum und Zeit zu einem Sinn zusammenzufügen. Dieser Sinn hatte eine Ordnung, welche die Grenzen aufstellte, damit die Gesetze des Geistes einen Raum für sich aufzufinden vermochten. Wort für Wort, Zeichen für Zeichen, Satz für Satz reihten sie sich aneinander. Es geschah um Seite für Seite in diesem Buch zu füllen, welches in der Stille vor ihm lag.

Die Feder in seiner Hand war die Brücke zu dem geflügelten Wesen, welches einst seine Aufgabe fand. Sie wanderte weiter und weiter von Seite zu Seite und erschuf Wort für Wort, um eine Bedeutung nach der anderen über die Gesetze des Geistes zu begründen. Und in dieser Zeit, in einem Raum, der für die äussere Welt nicht einsichtig war, erschuf sich der Geist, der seine Aufgabe kannte. Er gab sich eine Form und erfand einen Rahmen. Und die Feder eilte dahin, als gäbe es für sie nur noch die Bewegung, um in Worten zu erfassen, was dem Leben war bestimmt.

Ordnung fand sich auf jene stille Weise in Worte gefasst und diese, weil sie niedergeschrieben waren, hatten das Gesetz im Geiste des Schöpfungsplans ein Heim für sich zu erfinden.

Irgendwann war die letzte Seite beschrieben worden und die goldene Feder sank, als der Weise das Buch wieder schloss. Sein Blick fiel auf das Werk und er wusste, es war seine Aufgabe gewesen. Das Gesetz des Lebens im Wort zu erleben, das beflügelte den Sinn und es brachte Erkenntnis in das denkende Wesen. Der, welcher seine Aufgabe vollendet sah, verlies den Raum, jedoch ohne sich aus ihm wahrhaftig zu lösen. Es zog ihn zurück, dorthin, wo alles einst begann. Er fand die Ruhe nach so viel Bewegung und wieder erzeugte die Aufmerksamkeit, welche sich im Zentrum des Herzens wieder fand, ein Verständnis, das in der Tiefe des Geistes eine goldene Verbindung fand. Nur kurz aber deutlich und klar sah das Wesen den Beginn, an dem die Feder in seiner Hand die erste Seite bis an ihr Ende zu verfolgen hatte.

Von Wort zu Wort, von Zeichen zu Zeichen hatte die Ordnung also ein Kleid bekommen. Und nur in diesem vermochte sie es, sich einen Ausdruck zu geben, den der forschende Geist in seinem Inhalt verstand.

Als sich die Feder auf der letzten Seite wieder fand und das Ende der Ordnung zu Ehren kam durch das geschriebene Wort, die letzte Seite also niedergeschrieben war, da hatte die Feder ihre Aufgabe verloren. Denn nun war es vollbracht.

Es war, als würde das gefiederte Wesen erkennen, was es in Wahrheit war. Es löste sich und fand sich wieder in der Mitte seines Herzens, als wäre alles, was geschehen war, nur ein Traum gewesen. Jedoch, es hatte zu geschehen in einem anderen Raum, der eine Dauer kannte. Und jene besass einen Anfang und hatte für sich auch ein Ende gefunden.

Lange Zeit, - nach irdischem Mass gemessen, - betrachtete der Geist jenes, was nun vollendet war. Sein Blick ruhte auf dem Buch und auch die Feder, welche in Treue zu ihrer Arbeit keine Aufgabe kannte, betrachtete er. Dann kam der Moment, in dem er beobachten konnte, wie das Buch geöffnet wurde, auch wie die Seiten gelesen wurden und wie die Gesetze verstanden waren.

Von da an ruhte sein Blick auf den Denkern in Raum und Zeit. Die kamen und gingen, um sich in die Seiten des Buches zu vertiefen, denn es stand ihnen nach Ordnung der Sinn.

Manchmal war einer von ihnen so vertieft in des Wortes gründliche Bedeutung, dass das geflügelte Wesen durch die goldene Feder, die beiseite lag, einen Eintritt in sein stilles Wesen fand. Und da die Feder der Schöpfer des Schriftzuges geworden war, indem sie sich in ihrer Aufgabe wieder fand, erreichte das geflügelte Wesen über das Wort den Geist des Menschen, tauchte ganz in ihn hinein. Es breitete sich aus und erfüllte ihn vollkommen. Der Geist erfasste den Menschen und der Mensch hatte einen Begriff, wenn er auch seltsam war, über das unbegrenzte Wesen und die gewaltige Ordnung darin. Und in dieser segensreichen Vereinigung erkannte der Denker, welcher ein Sucher nach dem Sinnvollen war, die Kraft des geschriebenen Wortes. Er dankte dem Schöpfer für das Geschenk des Wortes, für die Erfassung der Schrift und für den geflügelten Geist, der es vermochte, alles miteinander zu einem Ganzen in ihm werden zu lassen. Dieser geflügelte Geist selbst jedoch hatte seine Heimstatt in der Ewigkeit und der Denker, er erkannte seine begrenzte Heimat in Raum und Zeit.

Aber es gab eine Möglichkeit, trotz der Trennung alles miteinander zu Einem werden zu lassen. Das Gesetz des Lebens fand eine Heimat im Wort. Das Wort wurde durch die goldene Feder zur Schrift und ihre Zeichen, welche sie gebar, reihten sich aneinander, wie die Perlen an einer Kette, füllten die Seiten, bis ihre Zahl irgendwann am Ende war.

Dann schloss sich das Buch, um sich zu öffnen einem Denker, der auf der Suche war und die Ordnung des Lebens in einem Wort, welches gefallen war, in das Buch des Lebens hinein, für sich wieder zu finden.

Im Studium des Wortes war der Denker still. In diesem besonderen Moment vermochte er nichts zu sagen. Seine Vernunft verbot es ihm in Empfängnis zu sein und erst da floss die ungeteilte Wahrheit zu ihm hin. Denn er folgte dem scheuen Geist der Enthaltsamkeit.

Das heilige Wasser des Geistes benetzte seinen Verstand, als wäre dieser ein durstiger Acker. Der Wille zum Wachstum verband. Durch ihn vermochte es der Vater auch seine Aufgaben zu verschenken, als wären diese kostbare Perlen die Warteten um ein göttliches Geschenk, welches auf ewig bindet zu sein.

Nicht der Glanz war für den, der die Perle bekam, von höchstem Interesse. Es war ihr lautloser, seltsamer Gesang, der dem Ohr, welches sich in Ruhe fand, etwas Grossartiges zu offenbaren hatte. Dem Ton zu lauschen war dem Wesen eine Pflicht und im tiefsten Sinne des Wortes hatte es kein Joch zu sein, sondern liess ihn frei und ungebunden, um seiner Aufgabe ganz und vollkommen zu Diensten zu sein.

# Kapitel 6

# Dunkelzeiten

„Das Prinzip aller Dinge ist Wasser; aus Wasser ist alles, und ins Wasser kehrt alles zurück. "

*Thales von Milet*

Ein Spiegel hat die Aufgabe, etwas wiederzugeben. Er selbst hat kein eigenes Gesicht. Schaut ein Mensch in den Spiegel, reflektiert sich sein Gesicht und weil er die Erfahrung besitzt darüber, dass er weiss, dass des Spiegels Aufgabe nur das Geschenk des Spiegelns ist, erfasst der kluge Betrachter sein eigenes Gesicht. Wenn er sich die Zeit gibt, kann er sich nun im Bilde betrachten. „Aber," so fragt er sich nach geraumer Zeit im Studieren seines Anblicks, „was hat es für einen Sinn?"

Wenn er sich diese Frage stellt, kommt er vielleicht auf den Gedanken, dass nicht er, sondern der Spiegel seinen Sinn durch ihn empfängt. Denn wenn der Spiegel durch sich nicht seine Aufgabe erhält, hat seine Existenz den wahren Grund verloren. Dient der Spiegel dem Menschen, um ihm sein wahres Gesicht zu zeigen, oder dient der Mensch dem Spiegel, damit er, der Spiegel, seiner Aufgabe nachkommen kann, etwas als Geschenk dem Menschen in seinem Dienste zu überreichen?

Wer kann der Welt zum Ausdruck bringen, was mehr Berechtigung hat im Dienste zu sein? Nur einer kann es allein. Wenn dies eine Möglichkeit ist, den Urgrund dieser Frage zu erfassen, dann hat auch diese ihren Sinn.

Eine Möglichkeit im Leben ist wie ein geheimnisvoller Same durch des Schöpfers Hand in Raum und Zeit hineingelegt. In der Wiege, im Herzen von Raum und Zeit, wünscht er sich der Welt einst in ganzer Grösse den staunenden Augen zu offenbaren. Verborgenes Leben hat immer die Hoffnung und eine Möglichkeit zu sein, denn sonst wäre die Idee ungeboren im Herzen des Geistes, in der Heimat allen Seins zu Hause geblieben. Ein Same hat sich auf den Weg gemacht in dem

Boden der Erscheinungswelt einen Fuss zu fassen. Die Hoffnung zu sein, lässt die Möglichkeit in der Schöpfung gedeihen. So und nicht anders, ganz in seiner Ruhe, noch verborgen vor der Welt, schlafend im Schosse der Natur, hat der Same sein Bett gefunden. Schaut er in die innere Welt hinein, dann durchdringt sein Blick die grenzenlose Weite des Universums.

Schwärze und tiefste Nacht umgibt die Sterne. Für den Geist des Dunklen wurden die leuchtenden Wesen des Himmels gemacht. Das schlafende Wesen im stillen Bette der Natur schaut sich um und blickt herum. Unzählig, so erkennt er, sind die lichtvollen Kinder des universellen Vaters. Mit ihnen hat er sich dann auf seine Weise zu verbinden. Es ist eine Ewigkeit und doch auch nur ein Augenblick.

In dieser Zeit, die keine ist, hat er den Raum in seiner unendlichen Weite grenzenlos begriffen und hat den Sinn des Leuchtens ganz für sich erkannt. Als Essenz hat er den Sinn des Lichtseins begriffen. Im dunkelsten Wesen der unbegrenzten Natur hatte er den Sinn - die Möglichkeit zu sein - ganz in sich den Raum gegeben und hatte die Zeit im Augenblick der tiefen Erkenntnis durch die Geburt als Möglichkeit befreit.

Was hatte der Schöpfer sich gedacht, als er den dunklen Raum in seiner enormen Leere mit einer unzählbaren Menge an leuchtenden Sternen einst durchwebte? Was konnte dieser Gegensatz, der so gewaltig war, im Laufe der Zeit, aus der Sicht der Erde verbindlich machen? Konnte es je eine Brücke geben zwischen Zeit und Ewigkeit, zwischen dunklem Raum und den leuchtenden Sternen? Vielleicht war die Erde selbst einst aus ihrer Verbindung entstanden und als blauer Juwel im dunklen Raum vermochte sie, es ein Zeugnis zu sein vom Licht und vom Dunkel im unbegrenzten Raum. Hatte es je eine Partnerschaft gegeben zwischen dem dunklen Geist der Unendlichkeit und den leuchtenden Himmelskörpern? Wer besass das ewig bestehende Auge, um das Universum, um Licht und Dunkel in seinem Wirken zu begreifen? Der Schöpfer, der universelle Geist, der Vater aller Dinge, nur er hatte die Möglichkeit sein Werk zu sehen. Nur er vermochte es im höchsten Sinne die Ganzheit im Universum zu erschauen. Was er im Grossen vermochte zu tun, das konnte er auch im kleinsten Geschehen. Sein Blick vertiefte sich in den leeren dunklen Raum und der bestand auch in allen irdischen Gegensätzlichkeiten. Auch wirkte sein Auge immer da, wo zwei polare Wesen durch das Leben sich die Möglichkeit schenkten eine Einheit zu sein. Sein Blick vermochte es zu sehen, dass was dunkel war und leer, das was schwarz war wie der dunkelste Raum im Universum. Er sah immer die Möglichkeit Licht in die Finsternis der Seele zu bringen. Der dunkle Raum selbst hatte für sich allein keinen schöpferischen Sinn. So wirkte und durchwebte immer das Licht alle scheinbar undurchdringlichen dunklen Schatten. Nichts konnte das Leben verhindern eine Verbindung zum Schöpfer zu sein.

Möglichkeiten dem Leben einen Sinn zu geben, wurden durch die Partnerschaft gemacht. Das Betrachten im stillen Boden der Natur gab dem, der in der Wiege seinen Samen fand, die Möglichkeit, weit über die Grenze hinaus den Sinn hinter der Schöpfung zu erfassen. Schenkte er sich die Möglichkeit in der Ruhe zu sein, dann erinnerte er sich schon einmal: „Warum mochte es wohl gewesen sein, hatte sein inneres Auge sein Blick in den grenzenlosen Raum hinein versenkt?" Keine Angst hatte er damals vor der dunklen Vergangenheit, vor der ewigen Nacht ohne Grenze in sich aufkommen lassen. Sein Wesen hatte an die Sterne gedacht.

In Liebe hatte er sich mit dem Lichte verbunden und hatte das Dunkle, ihre ewig sie umgebende Nacht in der Liebe zu ihnen gar nicht wahrgenommen. Wie in einer leisen Ahnung vermochte er sich an die Verbindung mit ihnen zu erinnern. Nichts hatte ihre Liebe zueinander dunkel gemacht. Erneut begab er sich in ihren Schein und erfasste, alles war Licht. Als er im Geist der lichtvollen Wesen in ihrem Bette seine Wiege fand, da blickte er zurück und sah durch sein eines Auge den Sinn der Gegensätzlichkeit in Gottes Natur. Es war wie als hätte die Seele einen alten Traum erneut erfahren:

Der Mensch ruhte im blauen Wasser auf weissem Sand und hielt einen glasklaren, blauen, durchsichtig leuchtenden Stein in die Sonne. In diesem Stein konnte sein Gesicht die Wahrheit sein. In ihm hatte sich der Spiegel zu reflektieren von seiner Aufgabe endgültig entbunden. Durchsichtig und klar war der Weltenschein. Auch die dunkelste Nacht der Seele bekam die Möglichkeit ihren Sinn zu verändern, denn war sie erst einmal im Geiste der Seele durchschaut, begann sich die Möglichkeit durch sie zu verwandeln.

Ein Partner im höchsten Sinne war der Mensch auf seinem langen Weg durch die Gegensätzlichkeit für den Vater des Universums geworden. Ein wahrer Sohn hatte das Vertrauen zum Vater in sich wiedererkannt. Hatte da der Geist aller Sorgen in ihm noch eine Möglichkeit zu bestehen, oder wollte der Geist des Streites, geboren aus den Eltern des Zorns, ein Recht für sich erkämpfen. Der Sinn dieser erstorbenen Wesen hatte seine Möglichkeiten im Leben der Schöpfung gehabt. Alles verwandelt sich. Alles hat einmal den Tod zu erleben und wenn das Sterben ist vollbracht, hat der Geist der Ewigkeit seine Stimme zu erheben. Wenn ER spricht und sein Klang durch den leeren Raum die Musik zum Klingen bringt, dann lauschen die Geister aller leuchtenden Sterne. Sie danken dem Herrn für die wundersame Musik und der Vater dankt dem dunklen leeren Raum. Denn nur durch ihn erklingt die Musik. Die Geister der leuchtenden Sterne haben es von Anfang an dem Sucher nach der Wahrheit offenbaren dürfen. Der leere Raum macht durch sie und den Geist, den Vater aller Dinge, die höchste Musik. Weit ist der Raum und dunkel ist es in der Ewigkeit ohne die Grenzen. Deshalb ist zu Leuchten in Ewigkeit, zu Leuchten der Spiegel für die Dunkelheit Sternengeschick. Wenn der Sucher nach der Wahrheit in der Stille seines ureigenen Raumes die Ewigkeit betritt, dann hat er die Möglichkeit durch das Leben im Licht seine verlorenen Partner vom dunklen Geschehen zu befreien. Denn alles ist möglich und alles besitzt im Kern, im Same, die Hoffnung, sich durch die Schöpfung zu befreien.

Der Sinn, dem dunklen Raum einen Spiegel zu bieten, kann ein Anfang sein. Wenn das Gesicht des Menschen sich im Spiegel zur Betrachtung wieder findet, kann es sich, weil es sich versteht und wieder erkennt, durch den Spiegel befreien.

# Kapitel 7

# Perlensuche

„Dass sie die Perle trägt, das macht die Muschel krank. Dem Himmel sag' für Schmerz, der dich veredelt, Dank!"

*Friedrich Rückert*

Die Muschel in der Hand des Perlensuchers zeigt durch ihre feste Schale die Bedeutung der Zeit. Sie hat den Wert, sie hat ihre Kraft und zeigt es durch die Dicke ihrer Schale an. Wird die Muschel im Lichte der Sonne geöffnet, so gebrauchen die Hände einen Zwang, denn die Muschel kann sich nicht freiwillig öffnen, nicht in einer Welt, in der sie niemals vorher existierte. Verschlossen hat sie so zu sein, in einer Umgebung, die sie sich nicht freiwillig erwählte. So öffnet die Hand von jenem, der sie fand, durch die Kraft, die sie miteinander verband, ihre Schalen. Nun zeigt sie sich, die innere Dimension und gibt ihren Wert als Geschenk dem Auge des Betrachters. Doch weiss jener, der die Perle fand, auf der Muschel Grund, welchen Wert sie in Wahrheit für den Finder haben könnte?

Der Perlensucher findet sein geliebtes Kind, hält es losgelöst und entrissen aus der Muschel Grund, in seiner Hand. Gedreht und gewendet wird die Perle nun und während der Sucher seinen Schatz betrachtet, vermag die Perle nicht zu klagen, hat sie keinen Grund, um ihn vom durchlittenen Schmerz etwas zu sagen. Denn sie selbst hat ihn auch nicht empfangen. Sie selbst wurde nicht verletzt. Sie selbst erspürte jedoch das Klagen, das Brechen, den Ton, der sich im Schmerz durch das Bersten der Schale der Muschel entwand.

Da lag sie nun ganz still geworden auf einem neuen Grund. Ihr Haus, in dem sie gewachsen war für eine lange Zeit, war zurückgefallen. Wertlos hatte sie herabzusinken an jenem Ort, an dem der Sucher nach der Perle die Muschel fand. Getrennt war die Perle von nun an von ihrem Muttergrund. Hatte den Schutz ihrer Schale für immer, durch die Bestimmung eine Perle im Lichte des Geistes zu sein, ...sich durch dieses Schicksal,... aus der schützenden Schale entwunden. Wertvoll hatte sie nun für den Finder zu sein. Es gab kein Entrinnen diese Verpflichtung einzugehen.

Weit war das Meer und die Reise auf den Wassern hatte sich jedoch, wie alles in Raum und Zeit, eine Grenze zu setzen. Der Finder gab die Perle her. Durch ihren Wert erhielt er eine neue Kraft, indem er sie, die Perle verlor. Doch diese Kraft, die er als Gegenwert erhielt, war rein irdischer Natur.

Die Perle ging von einem Ort zum anderen. Und doch, obwohl sie sich niemals aus sich selbst heraus Bewegung schenkte, wanderte sie, von Hand zu Hand.

Die Perle hatte kein Gefühl für die Zeit. Sie spürte in sich weder Licht noch Schatten. Ihr Geist war ganz ähnlich wie ein Stein. Jedoch, weil sie einmal erschaffen wurde, am dunklen Meeresgrund, in der Wiege einer harten Schale, hörte sie in den Schwingen des Geistes einen Ton. Die Wasser, die ihre Mutter umspülten, sangen ihr unendliches Lied, und während die Perle geboren wurde und wuchs in der Muschel Grund, hörte das Wesen, welches sie war, weil sie sich hatte eine Form durch den Geist geschenkt, der Stimme der Bewegung, demselben Gesang, ohne Begrenzung, die entstand, einfach nur zu.

Das Lied in seiner Quelle durchdrang den härtesten Stein und auch das Wesen der Perle hatte in seiner Bewegung zu sein. Unendlich vieles, was der Ton an Erfahrung in sich barg, brachte das Irdische zur Ordnung und machte die Perle glänzend und rund.

Durch den Gesang des Wassers erhielt die Perle ihren unschätzbaren Wert. Doch das Lied in einem irdischen Ohr verklang ungehört, hielt der Muschelsucher die Perle an sein Ohr.

Nur mit der Muschel hört er ein Lied so manches Mal. Er neigte sich zu ihr, um durch die Schale dem Ton zu lauschen. Doch was er hörte war das Echo des Windes und nicht der heilige Gesang. Wer ahnte, dass jener unfassbare Ton im Herzen der Perle in Ewigkeit für den Sucher erklang. Still war er und ungehört durch die irdischen Gesetze einer begrenzten Natur und doch drang er leise als die wundersamste Musik an des geduldigen Suchers Ohr.

Dem Ton der Stille zu lauschen, der Stimme der Erfahrung des Ewigen seine ganze Aufmerksamkeit zu schenken, das hatte den höchsten Wert. Die Perle konnte ihm als Symbol die Verbindung schenken.

Doch wer hatte es erkannt? Wer hielt statt der leeren Muschel die Perle an das lauschende Ohr? Wer hatte die Sehnsucht in sich zum Klingen gebracht, durch die Stimme der Stille, um durch sie einen Raum zu betreten, der keine Grenzen kannte? Wer hatte die Ruhe gefunden, von den unendlichen Wassern der Ewigkeit zu trinken? Wer liess die Einsamkeit zu, um so seine irdischen Hülle, wie eine gebrochene Muschel in die dunklen Tiefen der Unwissenheit hineinzuwerfen, damit sie doch, vielleicht für immer, ganz zu versinken vermochte?

Wer hatte den Mut eine Perle zu sein, losgelöst, ohne irdischen Grund? Denn kannte die Perle ihren Weg, als sie ihres Wertes wegen eine neue Dimension betrat, ohne sich dabei selbst zu bewegen?

Konnte das Wesen, was emporgehoben war, aus ihrem Gefängnis befreit, durch den Schmerz neu geboren, ihre Bestimmung, den Gesang des Ewigen an des Suchers Ohr zu vermitteln, damit dieser die Ewigkeit in sich wieder fand?

Wusste die Perle von ihrer Existenz und kannte den Sinn ihres Wesens?

Nichts und niemand hätte sie am Meeresgrund gefunden, hätte der Vater des Universums nicht einen Wert für sie erfunden, damit der Sucher ein Finder war.

# Kapitel 8

# Gezeitenklang

«Das Malen ist ein donnernder Zusammenstoß verschiedener Welten, die in und aus dem Kampfe miteinander die neue Welt zu schaffen bestimmt sind, die das Werk heisst. Jedes Werk entsteht technisch so, wie der Kosmos entstand – durch Katastrophen, die aus dem chaotischen Gebrüll der Instrumente zum Schluss eine Symphonie bilden, die Sphärenmusik heißt. Werkschöpfung ist Weltschöpfung.»

*Alexej Jawlensky*

Die Welt ist wie ein riesiges Orchester. Jede Form, die sich aus der universellen Mutterkraft Gestalt gibt und sich immer wieder neu formt durch die Verwandlung in der Zeit, ist wie ein Instrument.

Der Schöpfer hat einen Teil von sich in die Form ergossen und dieser Teil, der spiritueller Natur ist, spielt auf dem individuellen Prinzip der Schöpfung, wie auf einem Instrument, die Musik. Das Orchester, das sich scheinbar aus unendlich vielen Aspekten zusammenfügt, benötigt wie das weltliche auch, einen Dirigenten. Der Schöpfer selbst ist nicht nur einzeln vorhanden, um sich in jeder Gestalt die Kraft zu geben, er ist auch im Ganzen voll als Einheit vertreten. Der Dirigent führt mit seinem Stab und bestimmt alles, was es in dem grossartigen Zusammenspiel zu spielen gibt. Kein Ton ist einsam. Kein Ton ist zu eng mit einem anderen verquickt. Sie sind einzeln und doch sind sie zusammen vertreten.

Sie sind ein Meer einer unendlich schönen Musik.

Jeder Ton hat einen Klang und dieser Klang, wenn er das Ohr trifft, welches sich ihm zugewandt, lässt ein besonderes ihm eigenes Kind in der Materie gebären. Es ist die Farbe, die aus ihm entsprang. Der Ton, der Klang, die Musik hat sie durch sich selbst erzeugt und durch die Materie wurde sie geboren.

So ist das Licht in die Welt gekommen. Durch den Klang wurden die Farben in der Materie als besonderes Licht erkannt. Die Kinder des Klanges, die unendlich vielen Farben, waren in die Welt gesetzt. Doch was war ihr Sinn?

Hatte der Ton einst ein Ohr gefunden, so wünschte sich die Farbe ein Auge, durch welches der Betrachter sie in ihrer Schönheit empfand. War der Ton in die Welt gekommen, durfte das Ohr des Lauschenden sich erschaffen. Waren die leuchtenden Farbenkinder aus dem vollendeten Licht entkommen und hatten die Welt der Gegensätze für sich als Heimat erkannt, da hatte sich auch das Auge des Betrachters erschaffen.

So leuchten sie, die vielfältigsten Farben, die unzählig vielen Klänge. Sie waren eins in ihrer grossartigen Musik. Wie eine grosse unbegrenzte Welle waren sie im Meer der Schöpfung am Anschwellen. Und ihre Kraft vermochte es, sich weit ins Universum hinaus auszudehnen. Wie eine Flut umspülten sie alle vermeintlichen Grenzen.

Doch im Rhythmus der Gezeiten zogen sie sich auch wieder zum Zentrum des Alleinen zurück, um dem Takt zu folgen, der den Rhythmus gebar, ihn gross werden liess und um ihn einst, wenn es Zeit war, wieder zum Sterben zu bringen.

Es erschuf sich also die Musik.

Und die Vielfalt ihrer Klänge liess das Licht in der Welt in verschiedenen Tönen, zwischen hellen und dunklen unendlich vielen von ihnen ein grosses Wunder sein.

Was wäre die Welt ohne das Licht und ihre Musik?

Was wäre das irdische Leben ohne das Glück zu lauschen im Inneren und Äussern, mit dem inneren Ohr und auch dem äusseren? Was wäre der irdische Plan ohne den Spiegel, betrachtet durch den inneren Blick?

Nichts in der Welt könnte dem Glück den Raum geben und keine Grenze könnte das Echo gestalten und nichts wäre die Musik.

# Kapitel 9

# Wesenheiten Gesang

"O wunderschön ist Gottes Erde. Und wert darauf vergnügt zu sein! Darum will ich, ... bis ich Asche werde, ... mich dieser schönen Erde erfreuen!"

*Ludwig Christoph Heinrich Hölty*

Alles was sich bewegt, verändert sich im Raum und wechselt die Örtlichkeiten. Während dieser Bewegung, die jeweils in Form und Gestalt eine andere ist, verlieren sich die Ecken und Kanten. Rundlichkeit bis zur Vollkommenheit hin zeugt also von Bewegung, von Veränderung und Wandlung der Gestalt und zeugt auch von dem Wechsel der Standpunkte.

Auch der Widerstand in der Bewegung verändert sich. Wo am Anfang mehr Widersetzlichkeit und damit Hemmung vorhanden war, wird am Ende Freiheit durch Unbegrenztheit und auch Leichtigkeit durch Überwindung aller Hemmnisse und Begrenzungen ein Ergebnis sein. Wenn eine Form alle Ecken und Kanten im Laufe ihrer Wanderungen in Raum und Zeit verloren hat, dann ist dies durch den Geist der Bewegung vollbracht.

Es ist, als wenn alles einmal rund zu sein hat, rund in der Form, rund im Wandel, rund in der Bewegung und rund damit ebenso im Inneren der Wesenhaftigkeit. Jedoch das Innere hat keine Form, es kennt keine Grenzen. Obwohl es in der Form vielleicht eine Heimat findet, heisst es doch nicht, dass es sich auf diese runde Innenräumlichkeit begrenzten lässt.

Die Wesen wohnen in ihren Häusern und je nach ihren Bedürfnissen zeichnet sich im Äusseren ab ihre irdische Form. Aber ein vollständiger Geist findet Gefallen daran, in einer Figur zu wohnen, die keine Winkel und Kanten bildet. Entspricht doch diese Gestalt am ehesten als ein Ebenbild der grenzenlosen Verwandelbarkeit. Denn dies ist der Geist auch, - eine sich immer und ewig bereit seiende Wandelbarkeit mit wechselnden Kleidern. Und sie repräsentieren nach aussen, - etwas von der Ewigkeit inmitten der Zeit.

Form und Wesenheit bilden zusammen ein Paar, doch der Geist des reinen körperlichen Wesens hat nichts aufzugeben, was ihm nicht entspricht. Denn alles ist in ihm eins.

Die Form dafür hat sich nicht nur aus dem scheinbaren Nichts zu erheben, um sich eine Gestalt zu geben durch des Wesens Kraft, sondern es hat sich auch stets dem Neuen hinzugeben, wenn es auch manchmal einen Zwang deshalb erschafft. Das im Inneren wohnende Wesen hat in der begrenzten Heimat in Raum und Zeit, von Anbeginn im Leben, der Form die Gestaltung durch die Idee zu geben. Und die Form gibt sich dieser ganz hin. Wenn sie dann träumt in Ruhephasen, die jedoch keine wahren Phasen der Ruhe sind, dann hat sie vielleicht im Traum von der Schönheit und Grazie eines geordneten, in Struktur verankerten Wesens geträumt. Wenn die Form im Schlafe versunken einen Traum von der Zukunft träumt, dann erscheint es ihr, als wäre sie in ihrer Vollendung ein ganz rundes Wesen.

Seufzend erwacht sie dann, um die Gestaltung pflichtgemäss zu leben.

Und ganz vergessen ist sogleich der Traum, etwas vollkommen Rundes gewesen zu sein im Leben. Doch der Geist, der jeder Form als Bewohner für eine Zeit nur dient, hat nur eines im Sinn:

Alles, was sich nicht bewegen will zu eliminieren!

Hindurch muss es, das, was Widerstand heisst! Hindurch, durch das Feuer, um zu verbrennen und die Erinnerung in einem Staubkorn Asche zu wiegen! Denn, wenn es fliegt, leicht und schwerelos durch den Wind, weit von dannen getragen, hat es die alte Form vergessen. Im Feuer ist sie gestorben und zur Vergangenheit geworden. Und wenn sie ganz entschwunden ist, kann etwas Neues aus ihr wieder auferstehen.

Der Geist der Wandlung liebt es, diesen Prozess ganz, im tiefsten Grund, für sich zu begreifen. Denn in ihm gibt es keine Grenzen und auf dieser Stufe reicht der Geist der Verwandlung dem Geist aller Bewohner der Formen Seine Hand.

Wie ein liebendes Paar vereinen sie sich durch ein göttliches Band und hier, so scheint es, hat der Geist der Wandlung alles vergessen. Besonders die Pflicht, die ihn treibt, zu dienen einer jeden Form.

Gerne würde er als Bräutigam mit der Braut in Unendlichkeit verschmelzen. Doch mit dieser stirbt durch das Feuer der Geist und auch der Vater aller Formen. Dann wäre das Spiel soweit gekommen, dass es ein Ende finden muss und der Geist der Unendlichkeit verliert eine Heimat in der Form.

Wer vermag es da noch die Kugel zu rollen, in der alles lebt, in der sich alles durch ihre Bewegung wiederum so verschiedenartig bewegt? Sinnlos wäre er dann, dieser Raum mit seinem Ausdruck der Verwandlung mit seinen Eindrücken durch die Zeit!

So bewegt sich also das, was rund ist, um noch runder zu werden. So gibt sich jede Gestalt die Möglichkeit, irgendwann einmal durch alle Formen hindurch sich zu erinnern. So schenkt sich jede Gestalt die Kraft zu verstehen, dass nur ihr inneres Wesen sich die Idee erschuf von Schönheit und Vollendung in der Form.

Der Geist der Wandlung akzeptiert. Und er lernt aus der Vielfältigkeit seines irdischen Wesens. Wenn dann sein Widerstand zerbricht im Laufe der Zeit, und er rund geworden ist, dann spricht er mit dem inneren, im Verborgen gebliebenen Wesen.

Da kommt dann auch die Zeit, dass er versteht: Jede Form war immer nur ein irdisches Prinzip zum Verständnis der Wandlung gewesen und erst wenn er solcherart erfasste, dass er nichts war ohne das Wesen, hatte er es mit Dankbarkeit erkannt. Die Erinnerung zeigte ihm: Rund war er schon immer gewesen, auf eine Weise, die ihn und seinen Geist mit seinem Bewohner verband.

Sein Blick versenkte sich in die Vergangenheit und als er der Erinnerung ins Auge sah, da sah er nur eins: Das Feuer, das ihn mit dem Geist verband.

Scheinbar hatte ihn das Feuer verzehrt, hatte ihn gebrannt und hatte ihn durch die Formen getrieben. Nie war er zufrieden.

War die eine Gestalt gerade zu Asche geworden, wurde das, was vom ihm übrig blieb, und es war nie mehr als ein Staubkorn gewesen, als Erinnerung wie Asche, die erkaltet war, erneut auf ein Feld getrieben.

Kurz nur kehrte Ruhe ein.

Aber schon bald hatte sich erneut eine Gestalt aus dem Boden des Nichts zu erheben. Das Feuer des Lebens hatte ihn wahrlich über die Erde getrieben. Nichts gab es, was ihn wahrhaftig verband.

Keine Kette vermochte es, dem Feuer stand zu halten. Alles wurde immer wieder und wieder durch das Feuer des Lebens verbrannt.

Die Flamme, - war sie der Jäger gewesen?

Und der Geist der Wandlung war in der Form immer nur verzehrt und verlodert das Opfer gewesen?

In Wahrheit jedoch gab es keinen Schmerz über alles jenes, was sich erhob, wuchs, was sich entwickelte, um dann wieder zu vergehen.

Das Spiel der Formen hatte zur Freude des Geistes zu geschehen. Doch wem war diese Wahrheit bekannt und wer vermochte den Sinn zu verstehen? Nur einer, der den Geist der Idee des Wesens verstand. Denn der Geist war eine sich wandelnde Kraft, die schöpferisch sich nur einen Ausdruck im Leben zu geben vermochte, wenn sie sich eine passende Form als Zeichen, welches immer wieder vergänglich ist, verschafft.

Diese zeitlich begrenzte Form durfte also ein Zeugnis sein, um den Geist der Ewigkeit die Ehre zu geben. Und er, der Geist aller Verwandlungen, der Tod aller Formen, durfte ihn durch die Frucht des Verständnisses, die in ihm wuchs, verzeihen. Denn aller Schmerz in der Wandlung im Brand des Feuers war nur der Schatten der Freude in einer begrenzten Welt, die den Sinn des Daseins sich noch nicht ganz erarbeitet hatte.

War sie jedoch erst einmal rund, dann durfte sie ganz verstehen und dann geschah es, dass sich das Letzte im Feuer des Geistes zu Asche opfern liess. Dann spendete sie sich in ihrer runden Form, brachte das höchste Opfer dar und vergass sich, um vollständig und ganz Erinnerung zu sein. Und jetzt erst konnte es geschehen, am Grunde des grossen Feuers, dass keine Asche mehr verblieb.

Das, was vollkommen und nun vergangen war, wurde selbst zum universellen Feuer und nur der Geist verblieb. Der Traum, im Flug getragen zu werden vom

Wind, fand keine Heimat mehr. Denn auch die Erinnerung von der Asche verging. Nichts konnte sich mehr vermehren, um sich neu zu gestalten.

Nun erst, wo alles zuende war, hatte das universelle Wesen einen Beginn. Es fand den Anfang in der Wiege aller Ursachen Beginn und war bereit, eine Idee des Schöpfers zu sein und im Traume war es ihm, als ahnte er die Kraft.

Die Gestaltung kannte keine Grenzen. Bewegung war der grösste Gewinn, denn der Geist dieser Kraft war nicht nur dafür geschaffen worden, Ecken und Kanten auszugleichen und die Formen zu Runden. Der Geist der Bewegung hatte noch einen tieferen Sinn, doch erst die Zeit gab es Preis, die Erinnerung an diesen tiefen Sinn. Die Idee kam in die Welt und erschuf sich eine Form. Etwas Neues brach heraus und setzte besondere Samen in die Erde aller Gegensätzlichkeit.

# Kapitel 10

# Gegensätzlichkeiten

"Feuer, Luft, Wasser, Erde sind im Menschen, aus ihnen besteht er. Vom Feuer hat er die Wärme, Atem von der Luft, vom Wasser Blut und von der Erde das Fleisch; in gleicher Weise auch vom Feuer die Sehkraft, von der Luft das Gehör, vom Wasser die Bewegung, von der Erde das Aufrechtgehen."

*Hildegard von Bingen*


Wenn Feuer durch Reibung zu einer Flamme wird, dann ist sie geboren worden, gerade in einem Augenblick. Sie kommt aus dem Urfeuer, welches ihre Heimat ist und fällt hinein in die Stofflichkeit, wo sie mit Grund und Boden verhaftet ist, solange bis sie von diesem wieder getrennt wird. Der Anfang ist ein Augenblick und viele Tausende und Abertausende von ihnen reihen sich aneinander, solange bis der letzte Augenblick Vergangenheit ist.

Wenn das Feuer durch Reibung in die Welt der Gegensätze kommt, dann hat es sich ausschliesslich darauf zu konzentrieren, gebunden zu sein, um das zu verzehren, was zu verzehren ist. Ist die Arbeit getan, dann ist der Moment gekommen, wo die Flamme verlöschen kann. Es geschieht, wieder, in einem Augenblick. Und der Betrachter kann nicht verfolgen, welchen Weg sie gegangen ist, noch wo sie nun zu finden wäre. Genauso wie die Flamme gekommen ist, um das zu verzehren, was zu verzehren ist, hat sie sich wieder davon gemacht, und sie hat wohl die Räume gewechselt. Doch niemand, wirklich niemand hat den Vorgang beobachten können.

Weder den Anfang und auch das Ende nicht. Wenn die Flamme verankert mit Grund und Boden sich einen Raum gibt in der Zeit, dann ist sie zu erleben. Wir erkennen sie in ihren Farben und in ihrer leuchtenden Gestalt. Ja, wir können sie hören, wenn sie das Holz durch Verzehrung trocknet und zu Asche in Tausende und Abertausende von Teilchen bricht. Ihre Hitze kann nur mit Abstand erfahrbar sein und ihre leuchtende Glut bricht sich in polaren Farben, da wo die Flamme sich am Grunde bewegt.

Der Geist des Menschen, der für einen Augenblick beginnt, ein Leben in den Gegensätzen zu erleben, ist vergleichbar mit der Flamme, welche an einem Dochte ruht. Wie bei einer Kerze hat er eine zeitlang seine Flamme auf dem Boden der Tatsachen zu verankern. Von Augenblick zu Augenblick entsteht sein Leben und erleuchtet sein Geist alle Dunkelheit im Leben. Immer hat er zu verzehren, was ihm zum Verzehren gegeben worden ist. Und wenn der Augenblick kommt, welcher wie am Beginn so unsagbar bedeutsam ist, dann stirbt die Verbindung und die Flamme bricht. Sie bricht mit dem irdischen Leben und flieht durch den Raum. Sie verlässt die Zeit, alle Begrenzungen und alle Dunkelheit, die sie nur in einem Rahmen erleuchten konnte und sie entschwindet.

...Und es ist, als wäre sie nie da gewesen. Ihr Leuchten, ihre Wärme, ihr leises Knistern und auch ihr Tanz, all ihre Bewegung ist dahin. Sie ist gestorben und für immer ist es vorbei. Ihr Werk ist in der Welt geblieben. Und das, was sie hinterlässt, ist das Zeugnis, ist die Asche von all den Augenblicken in ihrem Leben.

Die Flamme lebte in der Zeit, doch ihr Geist war von Augenblick zu Augenblick immer verankert im Grunde der Ewigkeit. Das war der Grund, warum sie das Feuer war, welches die Aufgabe hatte, die Formen in ihrer Verwandlung solange zu begleiten, dass sie im Tod und im Schmerz verloren, etwas anderes zu sein hatten, als nur die Asche, die in ihr die Hoffnung zur Wiederauferstehung war. Die Flamme, die in das Leben kam, in der die Zeit den Sinn beherrschte, war Zeugnis im Augenblick ihrer Geburt und selbst dann, wenn sie sich aus ihrem Grunde erlöste, in der all die Asche als ihr Zeugnis über ihr besonderes Leben keine Erfahrung mehr mit sich trug. So verlor die Asche auch allen Grund zu weinen und zu klagen über den Erlöser, der das Werk an ihr zu einem Ende brachte. Denn auch Erinnerung an das, was die Form und die Gestalt vormals im Boden der Welt zu sein hatte, war ja ganz und für immer dahin. So hinterliess die Flamme, als sie ging, keinen beredten Zeugen und durfte nun, als die Flamme die Schwelle übertrat, ganz und gar, - ohne Trauer und Verhaftung, -entsagen. Von allem, was sie an das Leben band, hatte auch sie nun nicht die leiseste Erinnerung mehr. In einem Augenblick war sie geboren worden, hatte Tausende und Abertausende von ihnen in Ewigkeit erlebt und hatte den letzten Augenblick niemals als Beschwernis durchlitten. Denn auch er war im Geist der Ewigkeit und kannte keine Trennung, wusste von keiner Trauer, hörte in sich selbst nur vom ewig klingenden, singenden, bewegenden, höchsten Gesang.

Wer das Feuer ist, der weiss, dass es so zu sein hat. Und wenn er zur Flamme geworden war, von einem Augenblick zum nächsten, bis zu seinem letzten, verankert auf dem Boden der Tatsachen und ausschliesslich seinem Werke dienend, konnte der letzte Augenblick nur die grosse Verbindung sein, welche die Flamme zum Feuer brachte, in dem sich die Idee in ihrer Heimat wiederzufinden vermochte. Die Flamme war als Idee gekommen und von Augenblick zu Augenblick hatte sie die Verbindung zu sich selbst niemals aufgegeben. War sich immer treu geblieben und hatte nicht versäumt, im Dienste des Geistes zu wirken. Es geschah, um der Wurzel der Schöpfung, die auch Verwandlung hiess, ein Diener zu sein.

Als die Flamme kam, in einem besonderen Augenblick, vom Feuer getrennt und doch mit der Urkraft verbunden, da gab es nur die Pflicht, so lange gebunden zu sein, um die Formen, die alterten zu brechen,... so lange, bis alles zu Asche war. Nicht die leiseste Erinnerung an die Form durfte am Grunde noch bleiben. Und erst als es ganz vollbracht, war das Werk vollendet und hatte Licht in das Dunkle gebracht. Die Flamme ging, doch zurück blieb die Asche. Am Grunde des Feuers wurde sie nun von ihr, der lodernden Flamme, einst durchwirkt, selbst zum Zeugnis. Doch wer verstand und konnte sich in das Geheimnis ihrer selbst so weit vertiefen, dass er die Zeit vergass und die Idee wieder fand? In einem Augenblick, in dem sein Geist zur Flamme geboren war, um selbst den Auftrag zu erhalten, in der Welt der Gegensätze die alternden Formen durch sein Feuer zu Asche zu verbrennen.

Das Geheimnis vom Werden und Vergehen ist nicht für jeden zu verstehen. Der, welcher verstehen will, hat sein Wesen in das Feuer des Geistes zu werfen, als wäre es ein altes dürres Stück Holz oder vielleicht auch nur ein stolzer, weil noch unberührter Docht an einer wunderschönen Kerze. Wenn der Docht die Flamme hält, dann reist an ihm der Fluss der Zeit. Und wenn er einst zu Asche ist, hat er auch ganz vergessen vom Geheimnis des Augenblicks zu zehren. Was übrig bleibt ist das Geheimnis vom Augenblick und von der Ewigkeit. Offen liegt es da, wie das Buch mit gebrochenen Siegeln, in dem der Weise von Augenblick zu Augenblick zu lesen weiss.Kapitel 11

# Wasser und Feuer

"Mancher Mensch hat ein großes Feuer in seiner Seele, und niemand kommt, um sich daran zu wärmen."

*Vincent van Gogh*

Wenn Wasser und Feuer sich begegnen, dann kommt es auf ihre jeweils vorhandene Stärke an. Ist das Feuer kraftvoll und heiss, dann wird das Wasser sich erheben dürfen und es wird leicht. Ist das Wasser in seiner Stärke dem Feuer überlegen, dann wird die Flamme, - vielleicht sogar für eine lange Zeit, - einfach gelöscht. Bleibt das Feuer am Leben und steigt der geläuterte Dampf durch es empor, dann wird er eine Reise machen, auf dem Flügel des Wandels, in den Lüften der Welt segelt er. Er gleitet still dahin, wie die weissen Wolken am blauen Himmel durch den Wind vor sich her getrieben. Irgendwann, wenn die Reise jedoch beschwerlich wird, kann er sich wieder senken. Die Erinnerung aber, an seinen wundersamen Flug, die bleibt. Wenn das Wasser sich dann in die dunkle Erde versenkt, wispert es leise und erzählt von seinem unsichtbaren Freund, der ihn vorantrieb eine Zeit. Wird die dunkle, schwere Erde ihm und seiner Geschichte lauschen? Oder bleibt sie verschlossen jenem wundersamen Ton, der erzählt von ihrer Verwandlung durch das Wasser, die folgt?

# Bisher erschienen von Doris Richter

## Aktuelle Literaturliste unter:

http://www.joyedition.ch/literaturliste.html

### Autorenprofil

Doris Richter ist seit über 35 Jahren mit medizinischen Themen, besonders im Bereich der Naturheilkunde und mit der Entwicklung von natürlichen Heilmitteln beschäftigt. Sie führt seit 28 Jahren als Heilpraktikerin zusammen mit ihrem Mann Sven Richter eine Praxis für Komplementärmedizin und entwickelte unter anderem die Baum-Essenzen, Beiträge zur komplementären Zahnmedizin und diverse natürliche Komplexmittel zur Förderung der Gesundheit. Doris Richter schrieb einige Bücher über ganzheitliches Heilen, referierte über grosse Vorbilder der Menschheitsgeschichte und schrieb Bücher über die Sprache der Symbole und verfasste Hörbücher mit Symbolgeschichten zur Förderung einer ausgeglichenen psychosomatischen Situation des Menschen in gesunden und kranken Tagen. Sie ist seit 22 Jahren Ausbilderin für Therapeuten im Bereich der spirituellen Homöopathie und Baumheilkunde sowie komplementäre Zahnmedizin.